CW00504725

A mi Señora, Aleja. ~~~~~~~~ y compañera, a nuestros hijos, Vicente y Gabriel, y si Dios quiere, a nuestra futura hija……Emma, quienes son mi gran familia, mi vida, fuente de inspiración, amor y apoyo incondicional.

A mis padres y hermanas, por apoyarme y siempre estar a mi lado en todos los momentos.

A mis abuelitos, Juana, Chago, Lucho y Carmen por permitirme conocerlos, quererlos y aprender de sus infinitas enseñanzas.

Luis

Introducción

En la actualidad es común ver que la mayoría de las empresas entreguen, como manera de promoción, distintos tipos de descuentos en los precios de venta, con el objetivo de atraer un mayor número de clientes.

En términos generales, podemos encontrar cuatro tipos de descuento de precios entregados a los clientes, los cuales son:

- *Por pronto pago.*

- *Por volumen o cantidad.*

- *Por temporada.*

- *Comerciales.*

La presente metodología está centrada en los **descuentos por volumen**, los cuales tienen como objetivo estimular a los clientes a que compren mayor cantidad de un producto, al entregarles un menor precio de venta que el precio actual a medida que aumenta la cantidad comprada.

Pero, al entregar estos descuentos, *¿qué sucede con el margen de utilidad que la empresa se ha definido para cumplir con sus objetivos?*

Es en este punto donde surgen algunas preguntas:

- *¿Los descuentos en los precios de venta afectan el margen de utilidad objetivo que se ha definido la empresa?*

- *¿Disminuye el margen de utilidad por la aplicación de estos descuentos en los precios?*

- *¿Cómo logramos hacer descuentos en los precios, y mantener constante el margen de utilidad?*

Es a raíz de estas preguntas que surge la necesidad de contar con una metodología de análisis, que mediante la utilización de algunas fórmulas, permita determinar descuentos en los precios, aumentando las ventas, y lo más importante, manteniendo constante el margen de utilidad definido por la empresa.

En la presente metodología se debe tener en cuenta la exactitud en el cálculo de algunas variables, como por ejemplo, la determinación más exacta, o aproximada, de los todos los costos de la empresa, conocer su estructura y composición.

Estas variables serán constantes para cada análisis, deberán ser analizadas y cuantificadas por la empresa, y corresponden al punto de partida de este estudio.

"El éxito de los resultados de esta metodología, dependerá exclusivamente del análisis exhaustivo de estas variables".

Definiciones Básicas

Durante la presente metodología de estudio se utilizarán algunos conceptos básicos, los cuales deben ser conocidos y entendidos a cabalidad.

A continuación, y sin entrar en tantos detalles y tecnicismos, se entrega una breve explicación de cada uno de ellos:

- **Descuento por Volumen:** tienen como objetivo estimular a los clientes a que compren mayor cantidad de un producto, al entregarles un precio menor al precio actual de venta. O sea, a mayor cantidad, mayor será el descuento entregado.

- **Costos Fijos** *(CF)*: son aquellos desembolsos que realiza la empresa, que son independientes del nivel de producción, que son fijos y que siempre serán los mismos. Algunos costos fijos, son por ejemplo, los arriendos de inmuebles, depreciación de equipos, sueldos de gerentes y directivos, gastos de administración, mantención de las instalaciones, energía eléctrica del edificio, patentes, etc.

- **Costos Variables Unitario** *(CV_U)*: son aquellos desembolsos que están asociados al nivel de producción y que, por lo tanto, varían de acuerdo a cambios en la cantidad producida, o sea, a mayor producción, mayor es el costo variable. Es el caso de los materiales e insumos de producción, sueldos de los operarios, combustibles, energía eléctrica de las maquinarias, etc.

- **Costos Totales** *(CT)*: es el costo total de la producción, es decir, son todos aquellos costos en que se incurre en el proceso productivo. Es la sumatoria de los costos fijos y costos variables;

$$CT = CF + CV_U \times Q$$

- **Precio Venta Actual** *(P_v)*: es el valor que le asigna la empresa a un producto y/o servicio en términos monetarios.

Es aquel precio con el cual se venden las cantidades producidas. Es una función cuyas variables son los costos y la utilidad.

$$P(x) = CT + Utilidad$$

Para nuestro análisis suponemos que la fijación del precio está basado en el *enfoque de los costos más un margen de utilidad.*

- **Margen de Utilidad Objetivo** *(%U_o)*: es aquella utilidad, definida en tanto por ciento, y según la razón de la utilidad divida por los ingresos.

Y que la empresa ha definido como herramienta para medir el rendimiento de sus negocios, la cual debería ser igual en todos sus niveles de producción (nuestro objetivo).

- **Elasticidad de la demanda**: es la relación que existe entre la variación porcentual de la cantidad demandada dividida por la variación porcentual del precio. Esta variación puede ser elástica o inelástica y normalmente se comporta de manera regular en ciertas industrias o tipos de productos. En resumen, mide como cambia la cantidad demandada ante cambios en el precio.

Esta metodología considera que la elasticidad de la demanda es elástica para los productos ofrecidos por la empresa.

Metodología

Como se mencionó al principio de este documento, esta metodología tiene como objetivo principal que las empresas puedan realizar descuentos en los precios por volúmenes de venta, pero *sin afectar el margen de utilidad objetivo que ellas se han definido.*

Es una metodología simple, sencilla, fácil de comprender y aplicar. Está pensada para ser utilizada por cualquier persona o profesional, para que todos, quienes tengan la necesidad de realizar algún descuento en los precios puedan utilizarla.

Esta metodología consta de 6 pasos, como se muestra en el diagrama N°1, y para los cuales se entrega su explicación y formulas a utilizar.

Diagrama N° 1: *Metodología de Descuento de Precios*

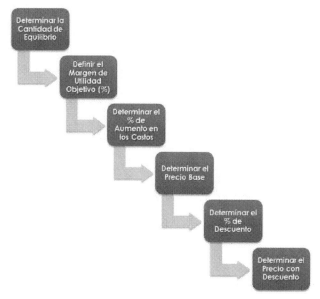

Supuestos

Como toda metodología de análisis económico, debemos considerar algunos supuestos, los cuales son similares a los utilizados en el modelo del punto de equilibrio.

- Los costos totales pueden dividirse en un componente fijo y uno variable respecto de un factor relacionado con la producción.
- En el corto plazo, los ingresos y los costos totales tienen un comportamiento lineal en relación con las unidades de producción.
- Los precios de venta y costos son constantes en cada periodo analizado.
- La elasticidad de la demanda es elástica, lo cual implica que la cantidad demandada es sensible a variaciones realizadas en el precio.
- Los cambios en los niveles de inventarios no existen, son constantes, o sea, todo lo que se produce se vende y siempre existirá oferta.
- No se considera el valor del dinero en el tiempo (inflación).
- No se consideran impuestos, gastos de administración y ventas, gastos financieros, etc.; o sea, no se diferencia entre resultados netos y brutos, o antes o después de impuesto. Aunque algunos de estos pueden ser considerados dentro de los costos fijos.

Como en todo análisis estático, puntual y de corto plazo, se dejan de lado algunas variables importantes que deberían ser consideradas, pero que para el cumplimiento del objetivo de este documento no son tan relevantes, y pueden dejarse de lado o asumirse constates.

Etapas de la Metodología

1. Determinar la Cantidad de Equilibrio (Q_e)

Este es punto de inicio de toda esta metodología, es la base de todo este análisis. Es por esto de la importancia fundamental de su correcta y exacta determinación. Se deben estudiar de manera metódica y analítica la estructura de costos de la empresa, se deben distinguir entre cuales costos son fijos y cuales variables. Para esto es importante el apoyo en la información contable con que cuenta la organización.

Dicho lo anterior, el primer paso que se debe realizar es calcular el *punto de equilibrio* de la empresa, es decir, donde las utilidades son iguales a cero, dado nuestros costos fijos, costos variables y precio actual.

Este cálculo entregará la *cantidad mínima que debemos producir* solo para cubrir los costos totales, y para lo cual se utiliza la comúnmente conocida formula:

$$Q_e = \frac{CF}{(P_V - CV_U)}$$

Donde,

Q_e = *Cantidad de Equilibrio*
CF = *Costos Fijos*
P_V = *Precio Venta*
CV_U = *Costo Variable Unitario*

2. Definir el Margen de Utilidad Objetivo *(%U$_o$)*

Todas las empresas u organizaciones tienen como objetivo principal obtener cierto nivel de utilidades, todas ellas nacen o se crean con este objetivo, y por consiguiente en el logro de su maximización.

Las empresas cuando desarrollan sus presupuestos, evaluaciones de proyectos, planes de negocios, etc.; definen cuál será su margen de utilidad objetivo, o sea, es en este punto cuando ellas se preguntan "¿Cuánto es lo que quieren y/o pueden ganar en este negocio?", y lo definen mediante un porcentaje.

Para algunas empresas puede ser, por ejemplo, un 30%, en cambio para otras solo será un 10%, todo dependerá de los objetivos estratégicos que tenga la empresa para su negocio. La definición de este margen dependerá de las exigencias que cada empresa haga a sus negocios.

Este margen de utilidad, y para esta metodología, será definido en porcentaje, y se obtendrá de la razón utilidad dividida por los ingresos.

$$\%U = \frac{U}{I}$$

Donde,

$$\%U = Margen\ de\ Utilidad$$
$$U = Utilidad$$
$$I = Ingresos$$

3. Definir el % de Aumento de los Costos *(%Δ)*

Una vez que la empresa ha definido su margen de utilidad objetivo (%), se debe determinar con qué precio logra obtener este margen.

En el entendido, que en punto de equilibrio, el precio de venta actual, no logra la utilidad objetivo, y que los costos son un componente del precio, es que se hace necesario realizar un aumento de estos para lograr el margen de utilidad objetivo, debido a que con esto aumentara el precio de venta.

En este punto, vamos a definir el porcentaje de aumento de los costos. A mayor utilidad, mayor debe ser el aumento en los costos. (Anexo: demostración de la fórmula).

$$\%\Delta \; = \; \left[\; \frac{\%U_O}{\%U_O \; - \; 1} \; \right] \; \times \; -1$$

Donde,

$\%\Delta$ = *% Aumento de Costos*
$\%U_O$ = *Margen Utilidad Objetivo*

4. Determinar Precio Base *(P_B)*

A los costos fijos y variables unitarios, se les aplica el porcentaje de aumento de costos *(%Δ)*, como resultado obtendremos un nuevo precio para realizar los futuros descuentos para todas las cantidades demandadas.

Entonces, para cada cantidad demandada existirá un precio con descuento, manteniendo el precio base constante, y con el cual se obtendrá el margen de utilidad objetivo.

En resumen, este será el nuevo precio de la empresa, al cual llamaremos *precio base*.

$$P_B = CV_U \times (1 + \%\Delta) + \frac{CF \times (1 + \%\Delta)}{Q_e}$$

Donde,

P_B = *Precio Base*
$\%\Delta$ = *% Aumento de Costos*
CV_U = *Costo Variable Unitario*
CF = *Costo Fijo*
Q_e = *Cantidad de Equilibrio*

Por lo tanto, se puede determinar, a partir del precio base, distintos precios con descuentos para distintas cantidades demandadas.

5. Determinar el % Descuento *(%D)*

Este es el punto principal y fundamental donde se enfoca la presente metodología.

Este porcentaje de descuento, será aquel que se aplicará al precio base, obteniéndose el nuevo precio de venta con descuento para cada cantidad demandada.

A mayor cantidad, mayor será el descuento y menor será el precio de venta. Lo anterior sin perjudicar ni afectar el margen de utilidad objetivo de la empresa, el cual se mantendrá constante para cada combinación precio y cantidad.

Por lo tanto, se obtendrán infinitos precios con descuentos, para infinitas cantidades, pero manteniendo siempre el mismo margen de utilidad.

Si Q_d es la cantidad demandada, y por la cual se debe entregar un precio con descuento, tenemos entonces que el porcentaje de descuento es el siguiente;

$$\%D = \frac{CF \times (Q_d - Q_e)}{Q_d \times [CF + (Q_e \times CV_U)]}$$

Donde,

$\%D$ = *Porcentaje de Descuento*
CF = *Costos Fijos*
Q_d = *Cantidad Demandada*
Q_e = *Cantidad de Equilibrio*
CV_U = *Costo Variable Unitario*

6. Determinar el Precio con Descuento (P_D)

Para determinar los precios con descuentos solo debemos aplicar el porcentaje de descuento determinado en el paso anterior.

$$P_D = P_B \times (1 - \%D)$$

Donde,

P_D = *Precio con Descuento*
P_B = *Precio Base*
$\%D$ = *Porcentaje de Descuento*

Este será el nuevo precio de venta que será entregado al cliente de acuerdo a la cantidad demandada.

"Distintas cantidades, implicaran distintos precios de venta, pero siempre un mismo margen de utilidad objetivo".

Caso Práctico

Con el objetivo de visualizar de mejor manera lo anteriormente expuesto, es que se entrega el siguiente ejemplo práctico.

Una empresa al realizar estudio de su estructura de costos, determino que sus costos fijos son de $1.000.000 y sus costos variables unitarios $700 por cada unidad producida; y su precio actual de venta es de $3.000 por cada unidad. Por Ultimo, la empresa se ha definido lograr un margen de utilidad del 20% para este negocio.

Costos Fijos	*$1.000.000*
Costos Variables	*$700*
Precio Actual	*$3.000*
Margen de Utilidad Objetivo	*20%*

Con estos datos podemos obtener los precios con descuentos por cantidad, cumpliendo el objetivo de no afectar el margen de utilidad definido del 20%.

1. **Cantidad de Equilibrio**, de acuerdo a la información entregada, se estima que la cantidad de equilibrio, donde la utilidad es igual a cero, es de 435 unidades, donde una venta mayor por sobre esta cantidad permitirá obtener utilidades, y una venta menor implicará perdidas.

Esta cantidad representa la cantidad mínima que la empresa debe producir y vender para cubrir sus costos.

$$Q_e = \frac{1.000.000}{(3.000 - 700)}$$

$$Q_e = 435 \ unidades$$

En este punto la utilidad y el margen de utilidad es igual a 0%, pero como la empresa debe lograr su margen de utilidad del 20%, es que se debe aumentar el precio.

2. **Margen de Utilidad Objetivo**, la empresa ha establecido para su negocio un margen de utilidad del 20%.

3. **% Aumento de los Costos**, como exigencia al negocio, la empresa se ha definido lograr un margen de utilidad de un 20%, para lo cual, y según la formula entregada, se debe realizar un aumento en los costos igual a un 25%.

$$\%\Delta = \left[\frac{20\%}{20\% - 1} \right] \times -1$$

$$\%\Delta = 25\%$$

4. **Precio Base**, utilizando la cantidad de equilibrio y el porcentaje de aumento en los costos, se obtiene el nuevo precio de la empresa, el precio base, que es de $3.750; y será sobre el cual se aplicarán todos los descuentos futuros según las cantidades demandadas.

$$P_B = 700 \times (1+25\%) + \frac{1.000.000 \times (1+25\%)}{435}$$

$$P_B = \$3.750$$

5. % Descuento, determinado el precio base de $3.750, la empresa ya puede aplicar la fórmula de descuento para lograr precios con descuentos para distintas cantidades.

El precio base siempre se deberá mantener fijo, y será sobre el cual se aplicaran los porcentajes de descuento.

Supongamos que la empresa desea vender 510 unidades de su producto, aplicaremos la fórmula de descuento propuesta, y obtenemos el siguiente resultado:

$$\%D = \frac{1.000.000 \times (510 - 435)}{510 \times [1.000.000 + (435 \times 700)]}$$

$$\%D = 11\%$$

Este porcentaje de descuento será distinto para las distintas cantidades de productos, lo cual implica que también tendremos distintos precios de descuento.

6. Precio con Descuento, por lo tanto, y para finalizar, este porcentaje de descuento se debe aplicar sobre el precio base, y se obtiene el nuevo precio con descuento (P_D) para la cantidad de 510 unidades.

$$P_D = 3.750 \times (1 - 11\%)$$

$$P_D = 3.327$$

Para una cantidad de 510 unidades, el nuevo precio de venta será de $3.327, el cual asegura vender una mayor cantidad y mantener el margen de utilidad objetivo del 20%, entregando un 11% de descuento por una mayor cantidad.

Comprobación

Ingresos	1.696.060	(510 x 3.327)
Costos Fijos	1.000.000	
Costos Variables	356.848	(510 x 700)
Utilidad	339.212	
Margen Utilidad	20%	(339.312 ÷ 1.696.060)

Con esto podemos comprobar que el descuento aplicado en el precio base, dada la cantidad demandada, nos entrega un margen de utilidad del 20%. Y lo más importante, *independiente de esta cantidad y del precio con descuento, siempre se obtendrá el mismo margen de utilidad.*

Lo anterior quiere decir que, *para cada cantidad de productos existe un precio de venta distinto y menor mientras más aumente la cantidad demandada, pero sin afectar el margen de utilidad.*

Aplicando Distintas Cantidades

Utilizando los mismos datos y resultados del ejemplo anterior, y con el objetivo de mostrar todo lo anteriormente mencionado, y de manera de hacerlo más ilustrativo, se entrega la tabla N°1 que muestra la aplicación de esta fórmula de descuento para distintas cantidades de productos.

Tabla Nº 1: Precio con Descuentos por Volúmenes de Venta

(1)	(2)	(3)	(4)	(5)	(6)	(7)	(8)	(9)
Cantidad	Precio Actual	Descuento	Precio c/descto.	Ingresos (1) x (4)	Costos Fijos	Costos Variables	Utilidad (5) - (6) - (7)	%Utilidad Objetivo (8) / (5)
435	3.000	0%	3.000	1.304.348	1.000.000	304.348	0	0%
435	3.750	0%	3.750	1.630.435	1.000.000	304.348	326.087	20%
450		3%	3.654	1.643.560	1.000.000	314.848	328.712	20%
465		5%	3.564	1.656.685	1.000.000	325.348	331.337	20%
480		7%	3.480	1.669.810	1.000.000	335.848	333.962	20%
495		9%	3.401	1.682.935	1.000.000	346.348	336.587	20%
510		11%	3.327	1.696.060	1.000.000	356.848	339.212	20%
525		13%	3.257	1.709.185	1.000.000	367.348	341.837	20%
540		15%	3.191	1.722.310	1.000.000	377.848	344.462	20%

Como se puede ver en esta tabla, *"a medida que aumenta la cantidad (1), el porcentaje de descuento aumenta (3), el precio de venta disminuye (4), y la utilidad del 20% (9) se mantiene constante para cada combinación de precio / cantidad"*.

Caso: Sin Descuentos – Precio Constante

Utilizando los mismos datos y resultados del ejemplo anterior, supongamos que la empresa decide NO hacer ningún tipo de descuento en sus precios de venta, o sea, independiente de la cantidad demandada, siempre se utilizara el mismo precio de venta (base)

La tabla N°2 muestra esta situación donde se puede observar que no existen descuentos, que los ingresos son mayores, y que el margen de utilidad es creciente a medida que aumenta la cantidad.

El motivo principal, de lo mencionado anteriormente, es que el precio de venta siempre será constante independiente de la cantidad vendida.

Tabla N° 2: Sin Descuentos por Volúmenes de Venta – Precio Constante

(1) Cantidad	(2) Precio Actual	(3) Descuento	(4) Precio c/descto.	(5) Ingresos (1) x (4)	(6) Costos Fijos	(7) Costos Variables	(8) Utilidad (5) - (6) - (7)	(9) %Utilidad Objetivo (8) / (5)
435	3.000	0%	3.000	1.304.348	1.000.000	304.348	0	0%
435	3.750	0%	3.750	1.630.435	1.000.000	304.348	326.087	20%
450		0%	3.750	1.686.685	1.000.000	314.848	371.837	22%
465		0%	3.750	1.742.935	1.000.000	325.348	417.587	24%
480		0%	3.750	1.799.185	1.000.000	335.848	463.337	26%
495		0%	3.750	1.855.435	1.000.000	346.348	509.087	27%
510		0%	3.750	1.911.685	1.000.000	356.848	554.837	29%
525		0%	3.750	1.967.935	1.000.000	367.348	600.587	31%
540		0%	3.750	2.024.185	1.000.000	377.848	646.337	32%

Para el mismo caso de las 510 unidades, no existen descuentos, se mantiene el precio de $3.750, y el margen de utilidad es de un 29%, mayor a su margen de utilidad objetivo del 20%.

Situación que no es negativa para la empresa, en el corto plazo, pero a largo plazo puede implicar una pérdida de clientes por no entregar precios competitivos según el mercado.

Gráficamente

El gráfico N° 1 muestra una comparación del comportamiento entre los precios con descuentos y los precio constantes.

A medida que aumenta la cantidad, el precio con descuento disminuye, pero se mantiene el margen de utilidad objetivo del 20% a lo largo de toda la curva para cada combinación precio – cantidad. Lo cual no sucede con los precios constantes.

Gráfico N°1: Precio con Descuentos v/s Precio Constante

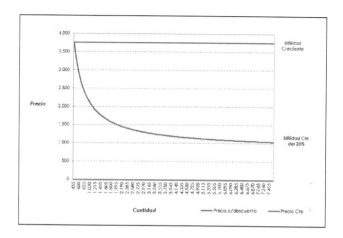

Al no existir descuentos en los precios, a medida que aumenta la cantidad, el precio permanece constante, y aumentan los ingresos, pero en una mayor proporción que si se entregaran precios con descuentos, como se muestra en el gráfico N° 2.

Gráfico N°2: Ingresos con Descuentos v/s Ingresos con Precios Constantes

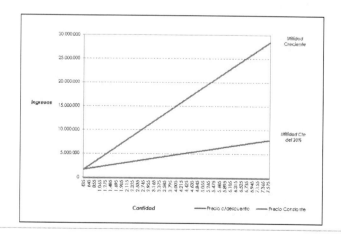

El área entre las curvas es la ganancia en exceso obtenida por la empresa al no realizar descuentos.

Desde el punto de vista de los precios con descuentos, esta área representa el beneficio entregado a los clientes por su mayor demanda.

Conclusiones

Al inicio de este documento se mencionó que el principal objetivo de esta metodología era que las empresas pudieran contar con una herramienta que les permitiera realizar descuentos en los precios de venta por mayores volúmenes de venta, pero *sin afectar el margen de utilidad que ellas se han definido.* Y que según la metodología entregada, este objetivo se ha cumplido a cabalidad.

Debemos tener en cuenta que los descuentos son una estrategia de precios que beneficia, principalmente, a los clientes que compran mayores cantidades, aumentando de esta manera la fidelización del cliente. Por lo tanto, es de vital importancia que la empresa entregue incentivos que permitan aumentar esta fidelización, y esto es a través de los descuentos en los precios.

Las principales ventajas de la correcta utilización de esta metodología, son las siguientes:

1. Obtener siempre el margen de utilidad objetivo que ha definido la empresa, independiente del precio y la cantidad demandada.

2. Lograr la fidelización del cliente, al percibir que siempre se entregan mayores descuentos cuando mayores son las cantidades demandadas.

3. Desarrollar un análisis metodológico y cuantitativo de las principales variables que intervienen en el logro de esta utilidad. Estudio que hace que la empresa conozca más en profundidad sus

estructuras de costos, y puntos de equilibrio para la correcta toma de decisiones.

Si bien esta metodología podría generar alguna discusión por considerarse que un mayor margen de utilidad es muy beneficioso para la empresa, porque se están generando mayores utilidades a un precio constante; se debería considerar que esto es cierto solo en el corto plazo, ya que los clientes siempre esperarán obtener algún beneficio por comprar una mayor cantidad de unidades, y esto necesariamente implica una pérdida o entrega de la utilidad.

Por último, y en el entendido que la empresa se ha definido como objetivo lograr un margen de utilidad para sus negocios, no debería considerar como una perdida el menor margen de utilidad que implica entregar un precio menor, ya que al utilizar esta metodología, la empresa se asegura que su margen de utilidad se cumplirá, sin correr riesgos, y con esto los objetivos que se ha planteado como negocio.

Quizás con todo esto no hemos dicho nada nuevo, ni hemos creado nuevas teóricas económicas, pero si se podemos decir que con esta metodología entregamos una herramienta simple que permite lograr cumplir con un margen de utilidad objetivo.

Quizás la pregunta más importante que se deberían hacer las empresas es:

¿Cuánto margen de utilidad están dispuestas a sacrificar en post de obtener un mayor número de unidades vendidas?

Formulario

- **Determinar la Cantidad de Equilibrio** *(Qₑ)*

$$Q_e = \frac{CF}{(P_V - CV_U)}$$

Donde,

Q_e = *Cantidad de Equlibrio*
CF = *Costos Fijos*
P_V = *Precio Venta*
CV_U = *Costo Variable Unitario*

- **Definir el Margen de Utilidad Objetivo** *(%Uₒ)*

$$\%U = \frac{U}{I}$$

Donde,

$\%U$ = *Margen de Utilidad*
U = *Utilidad*
I = *Ingresos*

- **Definir el % de Aumento de los Costos** *(%Δ)*

$$\%\Delta = \left[\frac{\%U_O}{\%U_O - 1} \right] \times -1$$

Donde,

$\%\Delta$ = *% Aumento de Costos*
$\%U_O$ = *Margen Utilidad Objetivo*

- **Determinar Precio Base** *(P_b)*

$$P_B = CV_U \times (1 + \%\Delta) + \frac{CF \times (1 + \%\Delta)}{Q_e}$$

Donde,

P_B = *Precio Base*
$\%\Delta$ = *% Aumento de Costos*
CV_U = *Costo Variable Unitario*
CF = *Costo Fijo*
Q_e = *Cantidad de Equilibrio*

- **Determinar el Descuento** *(%D)*

$$\%D = \frac{CF \times (Q_d - Q_e)}{Q_d \times [CF + (Q_e \times CV_U)]}$$

Donde,

$\%D$ = *Porcentaje de Descuento*
CF = *Costos Fijos*
Q_d = *Cantidad Demandada*
Q_e = *Cantidad de Equilibrio*
CV_U = *Costo Variable Unitario*

- **Determinar el Precio con Descuento** *(P_D)*

$$P_D = P_B \times (1 - \%D)$$

Donde,

P_D = *Precio con Descuento*
P_B = *Precio Base*
$\%D$ = *Porcentaje de Descuento*

Anexo: Demostración formula del % de Aumento de los Costos (%Δ)

$$\%U_O = \frac{U}{I}$$

$$\%U_O = \frac{I - CT}{I}$$

$$\%U_O = \frac{(P_B \times Q) - CT}{P_B \times Q}$$

$$\%U_O = \frac{\left[CV_U \times (1 + \%\Delta) + \dfrac{CF \times (1 + \%\Delta)}{Q} \right] \times Q - (CF + CV_U \times Q)}{\left[CV_U \times (1 + \%\Delta) + \dfrac{CF \times (1 + \%\Delta)}{Q} \right] \times Q}$$

$$\%U_O = \frac{Q \times CV_U \times (1 + \%\Delta) + CF \times (1 + \%\Delta) - CF - CV_U \times Q}{Q \times CV_U \times (1 + \%\Delta) + CF \times (1 + \%\Delta)}$$

$$\%U_O = \frac{Q \times CV_U + Q \times CV_U \times \%\Delta + CF + CF \times \%\Delta - CF - CV_U \times Q}{Q \times CV_U + Q \times CV_U \times \%\Delta + CF + CF \times \%\Delta}$$

$$\%U_O = \frac{Q \times CV_U \times \%\Delta + CF \times \%\Delta}{\%\Delta \times (Q \times CV_U + CF) + Q \times CV_U + CF}$$

$$\%U_O = \frac{\%\Delta \times (Q \times CV_U + CF)}{(1 + \%\Delta) \times (Q \times CV_U + CF)}$$

$$\%U_O = \frac{\%\Delta}{(1 + \%\Delta)}$$

$$\%U_O \times (1 + \%\Delta) = \%\Delta$$

$$\%U_O + (\%U_O \times \%\Delta) = \%\Delta$$

$$(\%U_O \times \%\Delta) - \%\Delta = -\%U_O$$

$$\%\Delta \times (\%U_O - 1) = -\%U_O$$

$$\%\Delta = \left[\frac{\%U_O}{\%U_O - 1} \right] \times -1$$

Printed in Great Britain
by Amazon

43285849R00017